A MES PARENTS, A MES AMIS

I

J'ai été pendant toute ma vie l'objet des persécutions et des attaques de madame Perrier : j'ai toujours gardé le silence, car, selon moi, les dissentiments intimes doivent être étouffés au sein de la famille, et l'on ne peut jamais rien gagner à les divulguer. Aujourd'hui, je m'affranchis de cette réserve, car dans les accusations qu'elle a dirigées contre moi, madame Perrier n'a plus gardé aucune mesure.

Ce n'est plus moi seulement qu'elle attaque, elle s'adresse à des personnes qui me sont justement chères. D'ailleurs, elle est peu scrupuleuse sur le choix des moyens; elle ne recule pas devant les mensonges les plus odieux et les calomnies les plus basses. On a fini par y ajouter foi. Il s'est rencontré des personnes qui, sans examen ni contrôle, ont semblé accepter les accusations formulées par Mme Perrier.

Je ne pouvais conserver un tel rôle, et je me suis décidé à répondre, non pas dans mon seul intérêt, mais dans l'intérêt de ma fille, de mon gendre, de ceux enfin qui, au milieu de ces longs et douloureux procès, m'ont toujours entouré de leur estime et de leur bienveillance. Je me contenterai d'exposer les faits sans commentaires ni réflexions.

II

En 1825 j'entrai en qualité de commis dans la maison de MM. Monin frères; je travaillai avec zèle, et j'acquis rapidement une bonne position. Mes deux patrons me témoignaient de l'estime et même de l'affection. L'un d'eux, Pierre-Antoine Monin, celui dont j'ai surtout à m'occuper ici, était père de trois enfants ;

Un fils qui entra plus tard dans l'université, et qui est mort fou il y a quelques années ;

Deux filles, dont l'une, charmante créature, devait succomber à l'âge de 14 ans, et l'autre, Amélie Monin, laissait déjà soupçonner alors une médiocre intelligence et un déplorable caractère.

A la suite de quelques difficultés je quittai la maison Monin, en 1827, et je m'occupai d'autres affaires.

Je revins à Paris au bout de trois ans, en 1830 : une place dans l'administration des tabacs m'avait été promise, et j'allais être nommé, lorsque je rencontrai par hasard M. P.-A. Monin.

Pendant mon absence, la maison Monin frères avait liquidé. L'un des frères était parti pour Bourbon, l'autre, P.-A. Monin, avait fondé à Paris un cabinet d'affaires. Il me rappela chez lui avec une telle insistance que je lui fis une visite. Je revis Amélie Monin, qui venait d'atteindre sa vingtième année : j'oubliai la jeune fille acariâtre que jadis j'avais connue ; je me figurai qu'avec de la douceur et de la raison je parviendrais à faire disparaître les défauts de son caractère ; je me rappelai sa mère morte en 1829, et pour laquelle j'avais toujours éprouvé la plus respectueuse affection ; j'eus alors la pensée d'un mariage qui devait être le malheur de toute ma vie.

J'allai voir un de mes compatriotes, homme de bien et d'honneur, M. Le Tessier, ancien avocat à Laval ; malgré ses conseils, je demandai et j'obtins la main d'Amélie Monin.

Ma situation de fortune était nette et facilement appréciable : j'avais en propre divers immeubles situés dans la Mayenne.

M. Monin, tout au contraire, dissimula sa position véritable qui ne me fut révélée que plus tard, lorsqu'il devint impossible de cacher ses embarras.

L'on ne fit point de contrat, et le mariage fut célébré le 19 novembre 1831.

III

A cette époque se place un fait qui m'a toujours laissé un pénible souvenir.

Nous n'avions que peu de fortune; j'avais déclaré à ma femme qu'il était indispensable de mener une existence simple et laborieuse; cela était convenu. Point de luxe ni de fêtes: il fallait avant tout asseoir notre position. Quinze jours environ après notre mariage, ma femme me prévint qu'il y avait réunion chez un de ses oncles maternels; il s'agissait d'une soirée intime. Je m'y rendis un peu tard, après mon travail et je tombai au milieu d'un véritable bal, organisé par les soins de Mme Perrier. Je me retirai de suite, et je donnai avis à mon beau-père, qui alla immédiatement chercher sa fille. Je le répète, ce fait me causa une impression fâcheuse, c'était un manque de parole, c'était de plus une inconvenance, car nous portions alors le deuil de ma mère.

Ainsi que je l'ai dit, M. P.-A. Monin avait fondé un cabinet d'affaires; lors de mon mariage, il avait été convenu que je deviendrais son associé, et que le loyer serait mis en mon nom; l'acte d'association fut dressé le 20 janvier 1832.

Toutefois, je voyais autour de moi des choses qui me déplaisaient, je semblais un étranger dans la maison. M. Monin et sa fille avaient entre eux des conversations mystérieuses dont j'étais exclu: en ma présence, c'étaient des chuchotements, et l'on se taisait dès que j'approchais; l'on recevait en secret des gens avec lesquels on évitait de me mettre en rapport, et cependant j'étais associé de l'entreprise, et j'étais de la famille. Il y avait là un secret qui finit par se dévoiler. Monin avait des dettes qu'il ne m'avait point avouées, et il me cachait ses créanciers quand ils venaient faire des réclamations chez lui. Autour de moi tout était dissimulation et mensonge; c'est ainsi que dès le début j'ai été traité par ma femme et par mon beau-père.

Comment ai-je répondu à ces mauvais procédés? Je ne citerai qu'un fait, M. Monin avait été nommé commissaire d'une faillite; traqué par ses créanciers, il eut la faiblesse d'employer à ses besoins personnels une partie des fonds par lui recouvrés dans l'intérêt de la masse. Effrayé des conséquences de son action, il prit la fuite. J'appris sa retraite, je courus le rejoindre et je le ramenai à Paris; pour sauver sa situation, j'empruntai de M. Le Tessier lui-même une somme de 14,000 francs, et je lui donnai mes biens en hypothèque. L'acte fut passé le 21 octobre 1832, devant Me Fontaine, notaire à Laval.

Jamais M. Monin ne m'a remboursé, et je suis loin de m'en plaindre. Mme Perrier, pour atténuer un tel service, prétend que des tableaux m'ont été donnés en paiement; mais elle oublie avec intention 12,000 fr. de billets souscrits et non payés par son père; 2,785 fr. 65 c. pour compte de liquidation et qu'il a conservés; au surplus, lors des inventaires dressés à la requête de Mme Perrier, la valeur desdits tableaux a été fixée comme suit :

A Paris, 7 février 1867	4,115 fr.
A Mesangers, 30 juillet	1,300
Total	5,415

D'après tout ce qui précède l'on comprend sans peine que le cabinet d'affaires ne pouvait prospérer; à chaque instant je découvrais d'anciennes dettes que l'on m'avait cachées; l'on en contractait de nouvelles; j'étais entraîné dans un gouffre, et je résolus de m'arrêter. Le 18 août 1834 je fis dissoudre la Société.

IV

Je passai deux années à chercher une autre position : en 1836 j'appris qu'un magasin de rubans, de mercerie et nouveautés était à vendre: il était situé rue Saint-Denis, à l'enseigne du Croissant d'Argent. Aidé par deux de mes amis, je l'achetai au prix de 130,000 francs.

L'établissement était bon : Mme Perrier, ainsi que moi, nous étions peu au courant de ce genre de commerce; mais heureusement nous fûmes, tout d'abord, secondés par un personnel habile et honnête, qui se trouva successivement renvoyé par suite des jalousies de Mme Perrier.

Vers cet époque, en effet, commencèrent les accès d'une jalousie absolument dépourvue de cause, et qui ne fit d'ailleurs qu'aller en augmentant; mes affaires même en souffraient, car une fois irritée, Mme Perrier ne s'arrêtait devant aucune considération. Il n'y avait pas moyen de garder une demoiselle de comptoir, les plus honnêtes étaient soupçonnées et il fallait les congédier.

Tandis que d'une part Mme Perrier affectait vis-à-vis de moi une ridicule jalousie, de l'autre elle se laissait aller à toutes les excentricités de son caractère. Elle fit plusieurs voyages en Normandie, aux bains de mer; la conduite qu'elle tenait était des plus légères; elle organisait les parties de plaisirs, et tolérait autour d'elle tout une cour d'adorateurs. Dans le pays elle avait un parent éloigné fort riche qu'elle fréquentait, et deux tantes pauvres qu'elle ne regardait pas.

Ainsi que je l'ai dit, un de mes amis m'avait avancé des fonds pour l'acquisition de mon établissement : j'avais encore besoin d'être soutenu, et je trouvai chez lui l'appui qui m'était nécessaire. Un jour, Mme Perrier, cédant à des raisons restées inconnues, courut chez cette dame et lui adressa les plus violentes injures.

La femme de mon second ami fut également l'objet des soupçons injurieux de Mme Perrier.

Une conduite aussi peu mesurée pouvait me perdre. Mme Perrier pouvait couper mon crédit d'un seul coup; d'autre part, il est détestable de changer constamment de personnel, et il est difficile de travailler au milieu de récriminations et de scènes. Malgré tout je prospérais; ma position fut bientôt assez belle pour me permettre de prêter une somme de 60,000 francs à un parent de Mme Perrier; je pus également payer une dette que mon beau-père avait contractée vis-à-vis de son beau-frère.

C'est ainsi que les bénéfices résultant de mon travail étaient employés au soulagement de la famille de Mme Perrier.

Je viens de parler de mon beau-père : il était retiré en province, il était dans le besoin, et pendant douze ans sa fille ne lui écrivit pas une seule fois; quoique dans l'aisance, elle ne lui fit parvenir aucun secours. En 1847, il tomba malade. Sa fille, que le vieillard aimait passionnément, ne s'inquiéta pas de lui; elle ne prit pas de ses nouvelles et n'alla pas une seule fois le voir durant sa maladie.

Il mourut le 25 septembre 1847, et ce fut moi qui acquittai les gages dus à une vieille servante et qui pris le soin de ses funérailles.

Sa succession était obérée, et le 9 novembre 1847 j'envoyai à M. Monin, mon beau-frère, un pouvoir afin de renoncer.

Cette circonstance me révéla encore la sécheresse du cœur de ma femme ; du reste elle agit toujours ainsi : pour elle une personne n'a de valeur que si elle peut être utile. Passé cela on ne s'en occupe plus. Mme Perrier avait entouré ses oncles des plus affectueuses prévenances, tant qu'ils étaient riches ; ils devinrent pauvres, elle ne les connut plus. Son frère avait été atteint d'une maladie mentale (qui est un peu la maladie régnante dans la famille Morin), je vins constamment à son aide, et il mourut abandonné de sa sœur.

La Révolution de 1848 m'avait fait perdre environ 375,000 francs ; il eût été facile de les regagner du moment où le calme se rétablissait dans les affaires, mais Mme Perrier était souffrante : elle avait le cerveau fortement ébranlé ; les médecins ordonnèrent un repos absolu. En 1850, je pris donc un grand parti : je sacrifiai mon fonds de commerce, d'une valeur de 80,000 francs, et je liquidai mes marchandises à 40 p. 0/0 de perte ; tout en gardant un appartement à Paris, j'allai avec ma famille m'établir à Mézangers, au milieu de mes propriétés.

V

Ma famille se composait de trois enfants, deux garçons et une fille, dont je vais parler en peu de mots.

Hippolyte, l'aîné de mes fils, est né le 11 mars 1832. J'avais donné tous mes soins à son éducation et à son instruction. Vers le mois de juillet 1850, il voulut, malgré moi, imiter son frère qui s'était embarqué pour Bourbon, et il partit pour San-Francisco ; je lui achetai une pacotille de 12,000 francs pour lui donner un peu d'occupation.

A son retour, le *Montalembert*, sur lequel il était monté, fit naufrage du côté de Manille ; Hippolyte fut recueilli par la corvette *la Capricieuse*, qui l'emmena en station dans les mers de Chine, à Macao. Il revint à Toulon à l'époque des armements de Crimée. Je parvins à obtenir son déclassement (toutes les personnes quelque peu au courant des habitudes de la marine sauront combien cela était difficile en pareilles circonstances) et je l'envoyai à la campagne; mais il vécut mal avec sa mère : c'étaient des disputes journalières. Un jour qu'elle l'avait surpris fumant dans les cuisines, elle lui déchira la figure, et dans sa fureur il brisa meubles et carreaux; sans l'intervention de l'institutrice on ne sait ce qui fût advenu. Sa mère le consigna dans sa chambre où il resta privé de ressources jusqu'au moment où M. Juilletrix vint lui remettre l'argent nécessaire pour se rendre à Rennes. Il y séjourna quelque temps dans l'oisiveté et fit des dettes que j'allai payer sur l'avis de M. Liazais, et puis je le plaçai à Paris chez un professeur de mathématiques.

Sa mère le retira de chez ce professeur, lui remit une montre de prix qui m'appartenait et l'envoya insulter un de mes amis dans la Mayenne. A son retour il mit la montre au Mont-de-Piété; je la fis retirer par M. Hurard.

Alors elle le plaça dans ses meubles, rue Saint-Antoine; il se livra à la débauche, tomba gravement malade d'une fièvre typhoïde. Mme Perrier ne voulait pas d'abord le recevoir dans son appartement, Chaussée d'Antin, 58 *bis*, et l'eût mis dans une maison de santé, même à l'hôpital si je ne m'y fusse opposé.

Elle finit, sur mon insistance, par lui donner asile dans son appartement; il y reçut les soins d'une sœur de charité sur laquelle, par forme de reconnaissance, Mme Perrier répandit les plus odieux propos.

Elle avait d'ailleurs si peu de tendresse pour son fils qu'elle passait partout pour sa belle-mère.

En 1859, à peine convalescent, Hippolyte se rembarqua et partit pour la guerre d'Italie; il assista au siège de Gaëte.

Après la campagne il quitta de nouveau la marine, erra çà et là, puis revint à Mézangers où, poussé par Mme Perrier, il me demanda cavalièrement de leur abandonner, à sa mère et à lui, la moitié de ma fortune. Sur mon refus, il se rembarqua une troisième fois pour le Mexique. Sa mère le rappela pour qu'il l'assistât dans les procès qu'elle m'intentait pour arriver à la séparation de biens.

Mon second fils, Alphonse, est né le 9 mars 1833. Ce fut lui qui s'embarqua le premier et qui donna à son frère aîné l'idée et le goût des voyages maritimes. En mai 1850 il partit pour l'Ile de la Réunion; il resta absent une année environ; il revint et bientôt après il fit un voyage aux Antilles. Comme son frère, il fut de retour à l'époque où se faisaient les grands armements pour la guerre de Crimée. J'obtins pour lui un congé d'un mois qu'il devait passer à la campagne. Mais il éprouva peu de sympathie pour sa mère et n'usa pas complétement de son congé. Il se rendit à Rochefort et s'embarqua sur le *Turenne*, en destination pour la Crimée. Il mourut à Terapia, d'une attaque de typhus.

Ma fille Marie naquit beaucoup plus tard que ses deux frères. Elle eut à souffrir du caractère de sa mère, et je vis que je devais être son protecteur. Plus tard, dans le cours de cet exposé, j'aurai à parler d'elle, mais dès maintenant je dois dire qu'elle me témoigna sans cesse la plus tendre affection. Son amour filial fut pour moi la plus puissante consolation et la plus douce récompense. Près d'elle, j'ai bien souvent oublié mes chagrins, et je lui dois exprimer ici toute ma reconnaissance.

En 1862 Mme Perrier voulut faire contracter à sa fille un mariage ridicule et presque honteux. Il s'agissait d'un homme âgé et vivant dans la débauche. L'avenir de mon enfant était perdu. J'interposai mon autorité et je brisai des projets malheureux formés sans mon assentiment. C'est ce que prouvent surabondamment des lettres prises sous les scellés.

Plus tard, en 1865, un homme des plus honorables, M. Gerbault, demanda pour son fils la main de ma fille. Elle lui fut accordée et le mariage se célébra le 29 mai 1865.

Dans les premiers temps tout alla bien. Mme Perrier témoigna toutes sortes de prévenances à son gendre; bientôt elle s'efforça de l'accaparer. M. Gerbault, tout en répondant aux attentions de sa belle-mère, ne voulut point s'éloigner de sa femme. Mme Perrier s'en irrita; elle n'avait pu désunir le ménage de sa fille, et elle rompit toutes les relations qu'elle avait avec ses enfants.

J'ai cité tous ces faits, un peu longuement peut-être, parce que j'ai voulu écarter un reproche qui m'a été adressé, celui de ne pas avoir rempli mes devoirs de père. Sans doute l'éducation de mes fils n'a pas été complétement ce qu'on eût pu désirer, mais ce n'est pas ma faute : Mme Perrier a constamment contrecarré mes projets, et il n'est point de fermeté qui puisse tenir contre un système incessant d'opposition.

VI

Je reviens au récit que j'avais momentanément laissé pour parler de mes enfants.

C'est à partir de 1850, lorsque j'eus abandonné mes affaires pour aller à Mézangers soigner la santé de Mme Perrier, qu je vis se développer tous ses mauvais instincts. La vie était devenue impossible. Les personnes que leur bonne fortune affranchit de pareil supplice ne peuvent s'en rendre compte. Pour le comprendre, il faut l'avoir subi, et je ne souhaite cette expérience à personne. Mais comment supporter un système de persécutions sans cesse renouvelées. L'on ne peut dire un mot sans être contredit avec aigreur et d'une façon blessante ; tout ce qu'on fait est mal fait ; les observations les plus irritantes se font de préférence devant les enfants, les domestiques ou les étrangers. On est un égoïste, un barbare qui réclame impérieusement tous les sacrifices, et qui n'en veut faire aucun. Cela est peu de chose, dit-on ; mais qu'on le répète pendant 36 ans, et l'on verra qui le pourrait le supporter. Il faut joindre à cela des choses plus graves et difficilement conciliables : le dédain de son mari et une ridicule jalousie, une prodigalité ruineuse, et une excessive âpreté, de mauvaises mœurs et l'affectation hypocrite des pratiques religieuses.

Mme Perrier avait, en 1850, formé le projet d'avoir pour elle seule la moitié de la fortune que j'avais gagnée par mon travail.

Je l'ai dit : la maison de commerce n'avait point laissé de bénéfices. Je l'avais abandonnée dans de mauvaises conditions ; toute la fortune qui était entre mes mains provenait d'opérations que j'avais faites seul, sans le concours et même à l'insu de Mme Perrier. Cette pensée de partage a dicté toute sa conduite ; il en résulta une lutte sourde d'abord, puis ensuite d'une violence ouverte, et qui se prolongea jusqu'en 1856.

J'avais conservé des occupations nombreuses qui m'obligeaient à de fréquents voyages. Je venais souvent à Paris où j'avais un appartement.

En 1856 je m'y trouvais lorsque Mme Perrier arriva subitement pour me surveiller ; évidemment elle cherchait un prétexte à séparation de corps pour arriver à la séparation de biens ; elle avait amené toute la famille, ce qui rendait plus inconvenante encore cette espèce d'enquête. Mes affaires terminées je retournai à la campagne. Mme Perrier voulut rester à Paris. Elle y demeura, en effet, et profita de la circonstance pour vivre dans les plaisirs : elle donna des fêtes, des repas, des bals, et fit pour 5.000 francs de dettes que je payai.

Pour moi, j'étais tranquillement à Mézangers. Ma fille, qui s'ennuyait fort au milieu de tout ce bruit, demanda à me rejoindre. Mais sa mère ne l'entendait pas ainsi; elle l'envoya, en juillet 1856, à Conflans-Sainte-Honorine.

De son côté, elle partit pour Laval avec une espèce d'agent d'affaires qui avait été mon obligé. C'était un homme qu'elle aurait dû éviter à cause de ses mauvais antécédents; il avait d'ailleurs voulu la détourner de ses devoirs et lui faire jouer un rôle scandaleux en l'entraînant au bal de l'Opéra sous prétexte de lui faire intriguer un ami.

Ce voyage, qui se fit dans les conditions les plus inconvenantes (car Mme Perrier et cet homme occupaient à l'hôtel de France des chambres contigues), ce voyage était le commencement des hostilités directes.

Mme Perrier allait à Laval pour commencer une procédure en séparation de corps. Prévenu par M. Vilfeu, qui était alors mon avoué, et qui plus tard a passé à l'ennemi, j'arrivai de mon côté, et j'eus une conférence avec Mme Perrier; je lui offris, si elle trouvait la vie commune insupportable, de se retirer dans un couvent, aux Oiseaux, par exemple, ou dans tel établissement religieux qu'elle voudrait choisir, et je promis de subvenir largement à tous ses besoins. Mais ce n'était pas son affaire; elle voulait une séparation amiable, ce qui ne s'accorde pas à une femme jeune et légère; l'ayant laissée libre de rentrer au domicile conjugal, elle abandonna son agent d'affaires à Laval, partit pour Paris chercher sa fille, et revint à la campagne.

Néanmoins les ennuis qu'elle me suscitait continuaient; je voulus essayer d'un autre système, et, pour avoir la paix, je lui abandonnai la gestion des immeubles situés dans la Mayenne. C'était à peu près la moitié de ma fortune.

Mais avec des natures comme celle de Mme Perrier, rien ne peut réussir; on le verra par la suite de ce récit.

VII

L'idée de la séparation germait toujours dans son esprit; j'étais l'objet d'un espionnage incessant, ce qui d'ailleurs m'importait peu; mais Mme Perrier fit plus, elle intercepta et ouvrit ma correspondance.

Ce fait est grave et je le signale. Mme Perrier avait une merveilleuse habileté pour ouvrir les lettres, de quelque manière qu'elles fussent cachetées. Qu'elles fussent fermées à la cire, à la gomme, ou par un modeste pain à cacheter, cela était indifférent; elle les ouvrait avec une grande facilité, les lisait, les remettait dans l'enveloppe qu'elle refermait. A nulle époque le fameux cabinet noir ne pouvait procéder avec plus d'habileté. Plusieurs personnes que je nommerais si je n'évitais les noms propres, ont été émerveillées et effrayées de sa dextérité. Pour les enveloppes gommées, un peu d'eau et un couteau d'ivoire faisaient l'affaire; Mme Perrier décollait un des plis latéraux de l'enveloppe et retirait aisément la lettre. Quant aux cachets de cire, l'opération était plus compliquée. J'avoue d'ailleurs que si je connais un peu la théorie de cette manœuvre, je suis complétement étranger à la pratique.

Ainsi ont été ouvertes des lettres que j'écrivais à mes correspondants, à mes amis, à mes enfants, et d'autres lettres qui m'étaient adressées ont été ouvertes de même; d'autres ont été interceptées, et ne me sont jamais parvenues : c'étaient peut-être celles qu'on avait décachetées avec peu de précautions, et qui laissaient apercevoir encore les traces de l'effraction. Quoi qu'il en soit, mon courrier ne m'arrivait plus avec régularité.

Mon gendre ayant éprouvé les mêmes inconvénients, se plaignit à l'administration. Ces désordres cessèrent, Mme Perrier ayant été avertie des mesures prises.

Elle fit mieux : pendant mon absence, elle appela un serrurier et elle força mon coffre-fort; elle s'empara de mes papiers, et il y en a plusieurs qui aujourd'hui encore ne m'ont pas été rendus.

Cette sorte de vol eut des conséquences plus graves qu'on ne le pense. Mme Perrier avait l'habitude, dans sa conversation comme dans correspondance, de se servir d'expressions injurieuses et grossières. Dans ses lettres, elle me traitait de *voleur*, de *fripon*, de *canaille*.

Je lui avais répondu assez sévèrement pour lui reprocher et ses expressions et sa conduite. Isolées de la correspondance de Mme Perrier, mes lettres avaient un certain caractère de sévérité, fort naturelle, d'ailleurs. Mme Perrier ne manqua point l'occasion, elle enleva ses lettres et produisit les miennes en justice.

J'étais ainsi désarmé; la correspondance était tronquée et

pouvait être mal interprétée. C'est ce qui arriva. La Cour, qui ne vit que la moitié de la situation, ne put s'en rendre un compte exact. Mes lettres furent mal appréciées.

VIII

Je supportai toutes ces tracasseries jusque vers 1863. A cette époque je tombai sérieusement malade, à Paris. Je consultai le docteur Piorry, qui me conseilla le repos, et m'envoya à la campagne. Je partis pour Mézangers, mais j'y trouvai Mme Perrier, et ce n'était pas le moyen d'avoir de la tranquillité.

Tout ce qu'elle pouvait imaginer pour m'être désagréable fut mis en pratique. Quand je sommeillais, Mme Perrier venait dans ma chambre et dans les chambres voisines frapper bruyamment les volets, afin de me réveiller; avais-je besoin de quelques aliments, la cuisinière avait ordre de ne m'en pas donner. On le voit, il n'y avait pas moyen de se rétablir dans de pareilles circonstances. Cependant Mme Perrier partit pour la Bretagne, et, de mon côté, je me rendis à Laval pour diverses affaires; là mes souffrances augmentèrent. Les médecins m'ordonnèrent un séjour aux Eaux de Bagnolles (Orne), et j'y allai, accompagné de ma fille. J'y restai 22 jours, durant lesquels Mme Perrier vint deux fois me voir. J'insiste sur le fait, car il a été débattu plus tard lors du procès en séparation de corps. Mme Perrier vint donc; elle fut reçue et installée dans le pavillon que j'habitais. Je ne m'illusionnais pas, ce n'était pas l'affection qui amenait Mme Perrier, c'était la curiosité ou plutôt l'intérêt. Elle voulait constater par ses propres yeux l'état de ma santé et régler ses affaires d'après le résultat de son examen. Elle s'occupait beaucoup plus de ce qui se passait dans les salons que de ma santé. Toutefois il est inexact de dire que j'avais refusé de la recevoir.

Le séjour de Bagnolles avait empiré ma position, et bientôt la maladie devint plus grave que jamais. Je fus contraint de me soumettre à un traitement régulier. D'après les conseils du docteur Piorry, je vins à Paris et j'entrai dans une maison de santé qu'il avait choisie. Ma fille m'accompagna. La tranquillité et les soins me remirent bientôt sur pied. Je menais avec ma fille la vie la plus douce : elle prenait des leçons, et j'allais avec elle chez ses professeurs ; nous faisions des promenades ensemble, nous vivions fort retirés, ne recevant que quelques rares amis.

Mme Perrier voyait avec peine mon rétablissement. Elle écrivit à M. Piorry : « Je vous demande comme médecin et » honnête homme si M. Perrier est réellement malade. » — « Oui, répondit le docteur, M. Perrier est réellement malade » et il a surtout grand besoin de ménagements ; c'est comme » médecin et honnête homme que je vous l'affirme. »

Mes bonnes relations avec le docteur Piorry déplaisaient à Mme Perrier ; elle essaya de les rompre, et lui fit dire que je me faisais traiter par un homœopathe. Cette malice fut sans résultat : « Pourvu qu'il guérisse, » dit M. Piorry, « le » moyen importe peu. »

Mme Perrier voulut alors me brouiller avec ma fille : elle lui écrivit des lettres inqualifiables, lui disant que nous vivions à Paris au milieu de femmes perdues et de voleurs. Ma fille ne put contenir son indignation, et répondit à sa mère une lettre très vive, qui du reste, et bien à tort, m'a été reprochée à moi-même.

Plus tard elle m'envoya de Laval à Paris, M. Vilfeu, avoué, pour discuter avec moi la question de séparation de corps. Le moment, il en faut convenir, était mal choisi. Je reçus assez froidement l'ambassadeur, qui se tournant alors vers ma fille, lui reprocha le ton de sa correspondance vis-à-vis de sa mère. L'enfant lui fit voir les lettres qu'elle-même avait reçues, et que je viens de signaler : « Comment, dit-» elle, ma mère peut-elle me reprocher de vivre au milieu » des voleurs et des filles perdues, alors que je passe mon » temps à soigner mon père et à m'occuper de mes études. » L'avoué se contenta de répondre qu'il ne fallait pas attacher trop d'importance à cela, et que Mme Perrier ne savait pas toujours au juste ce qu'elle disait ou ce qu'elle écrivait.

La négociation n'alla pas plus loin.

Du reste, Mme Perrier me faisait espionner : je le savais, et je ne m'en inquiétais pas : ce métier était fait spécialement par une espèce d'institutrice qui lui rendait compte de ce qu'elle croyait avoir découvert.

Je restai six mois dans la maison de santé, et je retournai à Mézangers en bonne voie de guérison. Pendant mon séjour dans la maison de santé, Mme Perrier fit deux voyages à Paris sans me visiter. Une note écrite de sa main portait à

4,132 francs l'argent qu'elle avait emporté de Mézangers, et malgré cette somme elle n'avait pas payé à M. Le Muet, pharmacien, à Evron, une note de 60 francs, uniquement parce que les remèdes avaient été pris par moi. Je fus obligé d'acquitter cette note par un bon sur la poste.

Au bout de peu de temps je fus rappelé à Paris. Ma fille se jeta dans mes bras, me suppliant de l'envoyer chez des parents qu'elle me désigna : elle n'osait pas rester seule avec sa mère dont les menaces l'effrayaient. Je l'emmenai à Paris. J'en étais donc arrivé à ce point qu'il m'était impossible de laisser ma fille avec sa mère.

IX

Quel était donc le caractère de cette femme ?

Beaucoup de personnes disaient qu'elle était atteinte de folie, que c'était la maladie de la famille. — Folie ! soit, je le veux bien, mais particulièrement lucide et raisonnée, car jamais les dérèglements de ses idées et de ses mœurs ne l'ont un seul instant détournée du soin de ses intérêts. Il y avait moins de folie, je crois, que de méchanceté ; sans doute ses idées n'étaient pas saines ; mais je nie absolument qu'elle soit folle, en ce sens qu'elle n'ait pas conscience de ses actions, et qu'elle en soit irresponsable.

C'est ainsi qu'elle avait l'habitude, quand une chose lui déplaisait de simuler des évanouissements et des attaques de nerfs. Les personnes qui n'y étaient point accoutumées s'y laissaient prendre ; quant à moi, je savais ce qui en était et je ne m'en troublais pas : je faisais chercher le médecin et je veillais à ce qu'elle fût transportée dans sa chambre et mise sur son lit. J'ai passé pour un homme dur et cruel parce que je ne me laissais plus émouvoir par ces comédies. A Mézangers, à propos d'une circonstance futile, Mme Perrier feignit un évanouissement ; j'envoyai chercher le médecin, qui lui donna les soins qu'il supposa nécessaires. Revenue à elle, Mme Perrier lui raconta tout ce qui s'était passé pendant sa prétendue syncope. En réalité, de tels événements n'avaient rien qui pût alarmer.

Une fois cependant les choses parurent plus graves. Depuis assez longtemps il y avait quelque chose d'étrange ou d'incompréhensible dans les allures de Mme Perrier. Elle avait un secret qu'elle cherchait à dissimuler. Elle recevait certains cadeaux, de fort beaux bouquets dont elle ne voulait point avouer la provenance : cela se passait pendant l'hiver de 1857. Une nuit, l'institutrice vint m'appeler, elle me dit que Mme Perrier était dans une surexcitation épouvantable; elle parlait de se précipiter par la fenêtre ou de s'empoisonner. J'accourus, et je trouvai en effet la situation grave; était-ce un accès de repentir, était-ce une crise nerveuse, jamais je n'ai pu le savoir. L'institutrice descendit chez le pharmacien Vercher, et j'envoyai chercher le docteur Bouchut. La crise passa comme tant d'autres, mais en cherchant dans les tiroirs de Mme Perrier l'on y découvrit de tous côtés des quantités considérables de poison. Dans l'état où elle se trouvait, cela était un danger menaçant soit pour elle, soit pour les autres.

X

C'était au milieu de commotions pareilles qu'il fallait vivre, et je demande à toute personne de bonne foi si une pareille situation pouvait être tenable.

Dans d'autres circonstances la conduite de Mme Perrier dénotait une évidente méchanceté. Je ne veux pas parler de ses procédés vis-à-vis de sa fille; il en a déjà été question plus haut, je ne citerai que certains faits.

C'est ainsi qu'elle fit tuer un petit chien que ma fille aimait beaucoup; elle fit livrer au boucher une chèvre de Madagascar qui lui avait été donnée.

Le rôle qu'elle a joué dans le ménage de ma fille a été odieux; heureusement, ses efforts ont été stériles, et c'est le plus grand éloge que l'on puisse faire de M. et Mme Gerbault. Ils ont résisté à ces perfides insinuations, et l'harmonie qui existe entre eux n'a pas été troublée un seul instant. Je leur en suis, pour ma part, profondément reconnaissant, car leur bonheur est la seule consolation qui me soit restée.

M. et Mme Gerbault ont été forcés de plaider contre Mme Perrier pour assurer l'exécution de leur contrat de mariage. Aux termes de ce contrat, le mobilier de l'appartement de Paris leur était donné. Mme Perrier refusa de le délivrer et elle y fut contrainte par un jugement du Tribunal civil de Laval et par un arrêt de la Cour d'Angers.

Il en eût été de même d'une somme de 50,000 francs, formant la moitié de la dot de ma fille, et provenant d'un don manuel fait à son profit par Mme veuve Giroux, sa marraine. Mme Perrier essaya de contester, mais elle fut forcée de céder devant une constatation émanée d'elle-même.

Je ne veux plus parler de ses accès ridicules de jalousie à mon égard : j'en ai dit assez à ce sujet.

L'on sait aussi quels étaient ses procédés pour moi ; j'ai rappelé sa conduite alors que, gravement malade, j'avais dû me réfugier à Paris, pour trouver quelque repos dans une maison de santé. Je pourrais rappeler des circonstances insignifiantes peut-être pour les étrangers, mais que leur renouvellement rendait insupportables pour ceux qu'elles atteignaient. A la suite, je ne dirai pas d'une discussion, mais d'une simple observation, Mme Perrier montait dans sa chambre, et y passait tout le jour livrée à une ridicule bouderie. Elle faisait courir le bruit qu'elle était sequestrée par ses enfants et par son mari. Elle descendait le soir pour recevoir des convives et affectait de me dédaigner en servant tout le monde à table, excepté moi.

A la suite d'une réunion, elle disparut subitement, aidée d'un sieur Deligeon ; je me mis à sa recherche, et nous la retrouvâmes cachée dans un coin de la maison. Jamais on n'a pu savoir pourquoi elle avait agi ainsi.

Sa tenue était très fréquemment un objet de scandale : les visiteurs ont pu la voir dans des attitudes offensant la pudeur, et les domestiques, ainsi que les ouvriers, étaient témoins quand elle s'abandonnait à de fâcheuses habitudes.

Un jour, quelque temps après la mort de mon fils Alphonse, elle fut avec quelques personnes dans le cimetière de Mézangers. Tout d'un coup elle s'arrêta devant une tombe nouvellement creusée : c'était celle d'un enfant. — C'est ici, s'écrie Mme Perrier, c'est l'enfant de mon fils Alphonse. Dans le pays, elle passait, comme nous l'avait dit à Paris un certain avoué, pour ne pas savoir toujours ce qu'elle disait, et cela était parfois bien heureux.

Je pourrais citer des faits plus graves, mais je me suis fait la loi de ne compromettre ici personne. Je me défends contre d'injustes attaques, mais je n'accuse pas ; je ne citerai donc pas de nom propre. Je dirai seulement que les fréquentations de Mme Perrier étaient déplorables. Cela se conçoit: pour arriver près d'elle il n'y avait qu'un seul moyen: la flatterie, et les gens dont le cœur est bien placé dédaignent un tel procédé.

J'ai su qu'à la campagne elle se promenait la nuit dans les bosquets avec un homme; elle eut les familiarités les plus inconvenantes avec un certain employé de chemin de fer qui avança fort loin dans son intimité, et qui avait eu des démêlés avec la justice. Du reste, les allures de Mme Perrier auraient pu exciter ma jalousie, si elle eût été digne d'un pareil sentiment. J'ai appris plus tard que les heures régulières pendant lesquelles je sortais avec ma fille, étaient soigneusement utilisées par Mme Perrier, qui appelait chez elle et recevait dans sa chambre un commis dont elle écoutait trop complaisamment les flatteries.

Je pardonnerais bien des choses si un faux masque de dévotion n'avait couvert son impudence. Mme Perrier n'a jamais eu de vraie religion, mais à un certain moment de sa vie, elle a eu l'hypocrisie. Elle fréquentait les églises, hantait le clergé, se confessait et communiait souvent. Elle demanda à un prêtre si elle pouvait communier après avoir pris un bouillon, et à un autre si elle pouvait communier deux fois dans la journée et à deux intentions différentes. Evidemment son instruction religieuse n'était pas au niveau de son zèle.

Elle comprenait si peu la religion, qu'après s'être confessée à Evron, et avoir communié à Mézangers, elle allait à Saint-Berthevin s'installer dans la famille Gerbaut pour calomnier son gendre, sa fille et moi.

Que l'on ne se méprenne point sur mes paroles; je ne respecte rien autant que les personnes sincèrement pieuses, et je ne leur fait pas l'injure de leur comparer celles pour qui la pratique de la religion n'est qu'un moyen d'intrigue. C'est ainsi, qu'en jouant la piété et en versant des larmes, Mme Perrier est parvenue à exciter la sympathie de personnes plus charitables que clairvoyantes. Elle avait l'habitude de conter ses malheurs aux personnes étrangères qu'elle rencontrait: elle apitoya sur son sort une dame du voisinage qu'elle avait vue en chemin de fer, et répandit contre moi les plus indignes calomnies.

XI

Ce n'est pas tout. J'ai dit que Mme Perrier avait constamment la pensée d'arriver à une séparation de biens; elle entendait faire liquider la fortune qui existait, s'en attribuer la moitié et la gérer à son gré. J'ai toujours lutté, particulièrement dans l'intérêt de mes enfants, car j'ai la conviction que tout ce qui tombera entre les mains de Mme Perrier sera perdu pour eux. Elle sentait bien du reste que sa prétention était profondément injuste, et elle essayait de la colorer en soutenant qu'elle avait une fortune personnelle, et qu'elle avait, par son activité, concouru à l'enrichissement de la société d'acquêts.

Rien n'etait plus faux, on le sait : en mariant sa fille, M. Monin (je ne l'ai su que trop tard) n'avait pu lui donner que des dettes à payer et une situation fâcheuse à sauver; quant au reste, c'était moi qui l'avais gagné; les bénéfices résultant de la maison de commerce eussent été insuffisants pour subvenir aux dépenses de Mme Perrier et aux charges de la famille. Ce n'est qu'aux opérations heureuses que j'ai entreprises à l'insu de Mme Perrier qu'est dû l'accroissement de la fortune; si je l'avais laissée libre, il n'y aurait pas eu grand'chose à partager. Néanmoins, c'était chez elle une idée fixe, et elle n'eut de repos qu'elle ne l'eût réalisée.

J'ai déjà dit que je lui avais, an 1856, abandonné l'administration de la fortune. C'était, je le reconnais, un acte de faiblesse dont Mme Perrier ne me fut point reconnaissante. Elle avait fait des dettes que je fus obligé de payer; plus tard, elle s'arrangea de façon à se constituer un pécule, en mettant à part pour son compte, toutes les sommes qu'elle put dissimuler. Je n'invente rien; j'ai des faits à citer à l'appui de tout ce que j'avance.

Un jour que j'avais éprouvé un commencement de congestion qui m'avait fait prendre le lit, elle porta, comme m'ayant versé en espèces, 2,026 fr. 20 c. que je n'ai jamais reçus.

Elle emprunta à mon mandataire de Paris 1.500 francs.

qu'il eut le tort de lui remettre, malgré ma défense formelle.

Mme Perrier administrait une briqueterie m'appartenant; il résulte des comptes des quatre dernières années, qu'elle avait reçu 30,998 fr. 75 c., en sus de ce qu'elle déclarait avoir payé; elle avait conservé cette somme.

Le crédit porté à mon avoir pour 52,000 francs, tant en marchandises que créances à recouvrer, ne représentait en réalité que 25,000 francs.

Un de mes employés lui ayant remis une somme de 1,000 francs, elle ne la porta point en recette.

Une somme de 16,000 francs, provenant de mes deniers de Paris et que j'avais payée pour achat de la Réburière, avait été passée par elle comme dépense, sans figurer à l'avoir.

Une somme de plus de 1,500 francs adressée par moi à M. Liazard, pour payer quelques dettes de mon fils, avait été portée de la même manière.

Les brouillons de caisse tenus par Mme Perrier, et qui devaient être le résultat d'un travail quotidien, avaient été écrits par périodes et sans pièces à l'appui. Certaines pages avaient été enlevées, d'autres, laissées en blanc entre chaque mois, pouvaient recevoir une destination facile à deviner.

Enfin, les revenus des immeubles et des capitaux placés pouvaient s'élever pour Mézangers, à une somme de 30,000 francs. Mme Perrier avait toujours refusé de reconnaître ce chiffre, mais elle a fini par l'avouer dans des conclusions par pas elle déposées au parquet de la Cour d'Angers. Elle était logée gratuitement, elle disposait de toutes les ressources fournies par le domaine de Mézangers, qui est une vaste et fertile propriété. Elle y trouvait le chauffage, le pain, le cidre, le gibier, les légumes, le poisson, le fruit, la nourriture des domestiques et des chevaux; il y avait donc peu de dépenses à faire; admettons qu'une somme de 10,000 ou 12,000 francs ait été nécessaire, qu'est devenue la différence entre cette somme et celle de 30,000 francs, puisque Mme Perrier ne rendait jamais aucun compte?

D'autres faits viennent à l'appui de ce que j'avance; Mme Perrier avait une cassette particulière qu'elle dissimulait. Je trouvai un jour une clé que je ne connaissais pas;

je lui demandai des explications que d'abord elle ne me donna pas; elle finit par me dire qu'elle avait trouvé cette clé, qui du reste était sans valeur, et que je pouvais la jeter; elle déclara plus tard que cette clé ouvrait un coffret placé dans la lingerie de Mézangers. C'était un mensonge, il n'y avait pas de cassette en cet endroit.

Cependant il existe un certain coffret qui a joué un rôle dans ces affaires. Il fût un jour déposé chez M. le curé de Mézangers, il fut présenté à Me Lelong, avoué, comme contenant des papiers; il figura, enfin, chez quelques personnes à Evron, comme renfermant des bijoux. Le facteur Verdier, qui l'avait transporté, le trouvait extrêmement lourd. Comment, du reste, Mme Perrier aurait-elle pu se procurer tant de bijoux? Il est bien plus probable que le coffret contenait des rouleaux d'or que Mme Perrier avait détournés et mis de côté pour elle.

L'on avait aussi remarqué que plusieurs fois, à son passage à Evron, une femme bien connue, cachée dans un coin de la gare lui avait remis furtivement des paquets qu'elle emportait. Tout cela était suspect, et des allures aussi mystérieuses devaient confirmer mes soupçons.

Enfin, Mme Perrier avait la mauvaise habitude de prendre, pendant mon sommeil, une partie de l'argent qu'elle trouvait dans mes poches ou dans mon porte-monnaie. Elle ne s'arrêtait pas à l'idée que les domestiques pouvaient être soupçonnés: un matin que j'étais parti pour la chasse, en oubliant mon portefeuille, elle y prit 300 francs en billets de banque, et sur mes réclamations, elle eut l'infamie d'accuser son fils Hippolyte.

Si j'avais continué à laisser à Mme Perrier l'administration de la fortune, les choses peut-être en seraient restées là. Mais cela n'était pas possible, et je dus aviser. Elle entra dans une irritation extrême et déclara qu'elle me ferait manger ma fortune en procès; elle tint parole, comme je le dirai tout à l'heure. Les procès étaient une persécution nouvelle et plus énergique encore que les autres. C'était peut-être pour Mme Perrier un moyen d'achever la ruine de ma santé. Elle l'avait dit, elle avait l'intention de me faire *crever*, c'étaient ses propres paroles; elle ajoutait que ma maladie de cerveau devait m'emporter Les procédés dont elle usait étaient certes bien choisis pour arriver à ce résultat.

XII

En parlant des luttes judiciaires qui se sont suivies devant le Tribunal de Laval et devant la Cour d'Angers, je dois, on le comprend, apporter la plus grande réserve. L'appel à une publicité même restreinte n'est pas une voie de réformation des jugements; elle ne peut davantage préparer les décisions à venir. Je n'entends donc que rappeler ici quelques dates et quelques documents propres à ma justification.

Le 29 mai 1866, jour anniversaire de la naissance et du mariage de ma fille, je reçus de Mme Perrier une assignation à fin de séparation de corps. C'était une méchanceté destinée à troubler une réunion de famille; l'on avait choisi ce jour pour affliger mes enfants et mes amis assemblés autour de moi; je ne fus pas étonné de ce procédé, depuis longtemps j'y étais accoutumé.

Je me rendis à Laval: l'honorable président du Tribunal fit tous ses efforts pour amener un arrangement. Il fut convenu que je paierais à Mme Perrier une pension annuelle de 6,000 francs et que je servirais à son fils une rente de 3,600 francs. Les paiements devaient se faire par trimestre. Je croyais les difficultés aplanies, et je me disposais à recommencer les affaires pour réparer, s'il était possible, les brèches que les désordres de Mme Perrier avaient occasionnées dans ma fortune; mais il n'en fut rien.

Mme Perrier reprit la procédure, et elle la suivit avec acharnement. Non-seulement elle dirigea contre moi des attaques violentes dans les écritures judiciaires, elle s'insinua chez M. et Mme Gerbault, le père et la mère de mon gendre, et toujours à l'aide de sa fausse dévotion, elle s'introduisit dans leurs bonnes grâces; elle s'installa comme une espèce de sœur de charité pour soigner Mme Gerbault, alors qu'elle n'avait donné aucuns soins à son père qui avait succombé à une longue maladie; à son fils, qui avait été en danger de mort; à son mari, très gravement malade, calomniant et injuriant au contraire toutes les personnes qui lui avaient donné des soins; à sa propre fille enfin qui, pendant le cours de sa grossesse, n'a pas reçu de sa part le moindre témoignage de solficitude. Elle fit plus, elle associa mon fils à ses diffamations. C'était porter le désordre dans les deux familles. M. Gerbault père avait vu clair, ainsi que le prouve une lettre qu'il écrivit à ses enfants, et que je crois devoir reproduire en entier.

Saint-Berthevin, 30 septembre.

Mes chers enfants,

Il faut que je vous raconte mon retour en wagon d'Evron à Laval. Comme Edmond l'a vu, ils sont venus au-devant de moi, en compagnie de M. Rambur que je ne connaissais pas.

J'ai entendu le fils Perrier ; des pourparler que nous avions ensemble il m'a dit qu'il ne verrait jamais ni sa sœur, ni son beau-frère, qu'il ne pouvait pas les voir d'après ce que lui avait fait sa sœur : vous pensez bien, elle s'est mariée ; sans m'en donner avis, je ne puis plus la voir, ni Edmond non plus. Je l'ai laissé dire tout ce qu'il a voulu, puis j'ajoutais : vous avez tort, car ils vous recevraient à cœur ouvert ; mais je ne pense pas qu'ils viennent au-devant de vous.

Le père Perrier, en partant pour Paris, me dit qu'il connaissait une position qui devait vous convenir et serait très lucrative : vous seriez alors à votre affaire.

Il dit que non, qu'il voulait, comme sa mère le procès, parce qu'ils avaient beaucoup de chances, qu'ils ne voulaient pas s'en tenir aux rentes, qu'ils voulaient la moitié de la fortune. Je lui répondis : Si vous voulez chercher querelle à votre père, cela ne vous sera pas avantageux, car votre père se montrera contre vous.

Oui, mais mon nom ne figurera pas au procès. Je lui dis : Vous ne gagnerez pas au procès, car les rentes que l'on vous fait, équivalent à la moitié de la fortune. C'est la moitié des biens que nous voulons.

Vous vous créez des chimères sur lesquelles il ne faut pas compter : Mme Perrier n'ayant rien apporté en mariage. Mon père non plus, reprit-il ; ils ont gagné leur fortune, et nous en voulons la moitié. Si on ne nous fait pas justice, nous nous verrons, mon beau-frère et moi : je verrai s'il a du cœur, car je les cravacherai tous les trois.

Sur ces menaces, je lui dis : Vous êtes un J. F., vous menacez tous ceux qui ne sont pas de votre bord, j'ai cinquante ans plus que vous, en lui rondissant le poing sous le menton, venez donc me cravacher moi, et vous verrez si je reculerai. Il ne m'a plus parlé jusqu'à Laval.

Je vous en supplie, dites donc au père Perrier, qu'il lui donne son consentement de mariage et vous en serez débarrassés.

Il est certain qu'ils ne viendront plus chez moi.

Signé GERBAULT.

Je reprochai à mon fils les propos qu'il avait tenus contre moi, et il se contenta de me répondre :

« Comment as-tu pu écouter les paroles d'un vieillard qui était ivre et qui a voulu me séduire. »

Le procès en séparation se suivit donc. Mme Perrier avait conclu à ce que la séparation fût prononcé *de plano:* subsidiairement, elle articulait des faits, et concluait à une enquête. Les faits qu'elle invoquait étaient de prétendus actes de violences, des menaces, des injures. Rien n'était sérieux dans de pareilles articulations : j'attendais, j'espérais l'enquête, car au premier témoignage, tous les griefs de Mme Perrier auraient disparu. Elle le savait bien et recourut à un artifice de procédure que les premiers juges ont déjoué, mais qui, je le crains bien, a exercé sur l'esprit des juges d'appel une influence fâcheuse.

Mme Perrier voulut faire du scandale, et hardiment elle me reprocha l'adultère.

Le Tribunal de Laval s'en aperçut et par un jugement interlocutoire sagement motivé, il repoussa immédiatement cette articulation.

Attendu, porte le jugement du 24 décembre 1866, que les articulations comprises sous les n°s 1, 2, 3, 4, 5, 6, 7, 8, 9 et 11 des conclusions prises au nom de la demanderesse, tendent évidemment à une accusation d'adultère, mais qu'elles n'atteignent pas seulement M. Perrier-Desloges ; qu'elles sont de nature à jeter le trouble et le désordre dans des familles étrangères au procès et à porter la plus grave, la plus irréparable atteinte à leur considération. Attendu qu'en pareille circonstances, on ne saurait apporter trop de prudence et de circonspection dans l'examen des faits dont la preuve est demandée : que les articulations comprises dans les numéros ci-dessus indiqués ne sont ni précises, ni concluantes ; qu'elles tendent dans leur ensemble à formuler l'accusation d'adultère, mais qu'elles ne contiennent l'allégation d'aucun fait condamnable et portant le cachet de l'immoralité ; qu'ainsi toutes ces articulations fussent-elles justifiées, on n'en pourrait conclure à l'existence de relations criminelles, encore moins d'un adultère pouvant donner motif de séparation.

Plus spécialement en ce qui touche les articulations comprises sous les n⁰ˢ 1, 2, 3 et 4 des conclusions :

Attendu qu'aux termes de l'article 230 du Code Napoléon, l'adultère n'est une cause nécessaire de séparation de corps, que lorsque le mari a tenu sa concubine dans la maison commune : que cette circonstance ne peut résulter ni explicitement ni implicitement des faits articulés ; que d'ailleurs tous ces faits remontent à plus de douze ans, et que, depuis, les époux Perrier-Desloges ont pendant longtemps continué la vie commune :

« Attendu que sur la lecture des conclusions, le juge a le droit et le devoir de retrancher immédiatement du débat des articulations qui, fussent-elles prouvées, ne peuvent exercer aucune influence sérieuse sur le résultat de la contestation, alors surtout que ces articulations sont une cause de scandale et doivent porter à des tiers étrangers au procès un très grave préjudice et entraîner pour eux les plus funestes conséquences.

« Attendu que toutes ces circonstances se rencontrent dans la cause.

Par ces motifs,

« Faisant droit aux conclusions incidentes prises par Mᵉ Bidard, avocat, assisté de Mᵉ Lamotte,

« Dit et ordonne que dès à présent les articulations comprises sous les n⁰ˢ 1, 2, 3, 4, 5, 6, 7, 8, 9 et 11 des conclusions subsidiaires de la dame Perrier-Desloges, sont et demeurent supprimées et rejetées du débat, tous autres droits et moyens réservés au fond,

« Remet à statuer sur les dépens de l'incident, lors du jugement définitif.

Quant aux autres faits posés par Mme Perrier, ils étaient absolument faux et controuvés, mais ils étaient pertinents, ce qui signifie qu'en les supposant prouvés ils étaient de nature à amener une séparation de corps. Le Tribunal en autorisa donc la preuve par un jugement interlocutoire du 28 décembre 1868. Mme Perrier interjeta appel, et devant la Cour d'Angers elle reprit ses conclusions tendant à obtenir la séparation immédiatement et *de plano*. Elle tenait surtout à reporter le débat sur le chef d'adultère, car elle prévoyait que la Cour, tout comme le Tribunal, éviterait une enquête scandaleuse et complétement stérile. Elle espérait obtenir la séparation sans enquête. Cette fois, ses prévisions furent justifiées : la Cour d'Angers prononça la séparation *de plano*.

Sans doute, après tout ce qui s'était passé la vie commune devenait presque impossible entre Mme Perrier et moi, et sous ce rapport l'on comprend que la Cour ait cru devoir

juger ainsi qu'elle l'a fait : mais elle n'a peut-être pas assez
considéré les conséquences de son arrêt. La séparation de
corps entraîne la séparation de biens : il fallut donc procéder
à une liquidation des intérêts qui, jusqu'alors, avaient été
communs. C'était faire naître d'interminables difficultés,
c'était remettre entre les mains d'une femme aussi dangereuse que Mme Perrier une arme dont elle devait nécessairement faire le plus déplorable usage.

Encore une fois je n'attaque ni ne discute l'arrêt d'Angers ;
je crois seulement devoir relever quelques erreurs matérielles qui ont échappé à la Cour.

ARRÊTS ET OBSERVATIONS

« Attendu que les documents produits établissent dès à présent et sans qu'il soit besoin de recourir à une enquête, la preuve que Perrier se trouve coupable envers sa femme d'injures graves suffisantes pour justifier sa demande en séparation ;
» Attendu que cette preuve résulte de la correspondance de Perrier avec sa femme, et de la correspondance de Mlle Marie Perrier, aujourd'hui femme Gerbault, avec sa mère. »

Il est facile de reconnaître que toutes les lettres écrites par moi, n'étaient que des réponses faites aux lettres de ma femme, lettres injurieuses, où se trouvaient les expressions de crapule, canaille, animal, et les plus grossières et iniques inculpations.

L'enquête eût établi d'une manière irréfutable, ainsi que je l'ai dit plus haut, que Mme Perrier, en 1856, avait fait ouvrir ma caisse, et avait ouvert elle-même mon secrétaire au moyen d'une fausse clef, qu'elle avait enlevé toutes ses lettres si provocantes, ainsi que la correspondance de son fils Alphonse, dans laquelle il m'adressait des excuses au sujet de la démarche où l'avait poussé sa mère, Mlle A., et Mme L..., ajoutant : *Oublie, cher père, une faute que j'expie cruellement, et sois certain que ma dernière pensée sera pour toi.*

En sus des témoins d'une telle soustraction, Mme Perrier s'était vantée d'avoir pris dans ma caisse un paquet de lettres que je serais disait-elle bien surpris de ne plus retrouver.

« Attendu qu'à partir de 1853, les époux Perrier ont été divisés par des dissentiments, dans lesquels tous les torts primitifs appartiennent au mari ;
» Que la dame Perrier a tenté plusieurs rapprochements, ainsi

que le prouvent ses lettres des 11 août 1854, et de juillet 1856, et qu'elle a été repoussée par Perrier, ainsi que le démontrent les lettres du 18 août 1854 et du 1er novembre 1859, dans lesquelles il rejette les pensées de réconciliation de sa femme, et surtout la lettre du 30 septembre 1853, dans laquelle il dit :

» Les relations entre nous ne peuvent se prolonger. Cessons les donc. Car, je vous ai quittée sous l'empire d'un trop juste ressentiment, et quoi qu'il fût arrivé de moi, je ne vous aurais jamais écrit. »

A partir de 1853, la santé de Mme Perrier étant devenue meilleure, et les symptômes qui avaient paru mettre sa raison en danger ayant en partie disparu, elle éprouva une recrudescence de jalousie, qui se traduisit envers moi et les personnes que je fréquentais par les scènes les plus fâcheuses.

Son humeur querelleuse se révéla surtout envers sa fille, dont les gentillesses à mon égard la rendaient malheureuse.

Ces raisons me décidèrent à aller souvent et longuement à Paris, dans le but d'y traiter d'une charge d'agent de change.

Ce fut précisément à cette époque qu'elle m'écrivit les injures contenues dans les lettres qu'elle m'a volées en 1856.

Je trouvais bien plus prudent de n'avoir, provisoirement avec elle, aucune correspondance, plutôt que de l'entretenir dans les termes qu'elle avait adoptés, et qui n'avaient évidemment pour but que d'exciter ma colère.

Voilà ce qui a motivé ma lettre de 1853, qui n'aurait rien que de très ordinaire, si l'on avait sous les yeux celles de Mme Perrier.

« Attendu que, dans le mois de septembre 1863, se trouvant malade aux eaux de Bagnoles, la dame Perrier voulut l'y rejoindre, pour lui donner des soins, et que le 22 du même mois, il lui fit répondre par sa fille, que si elle venait contre son désir, il partirait le lendemain. »

Singulière manière d'écrire l'histoire. Lorsque j'entrepris à regret le voyage de Bagnoles, Mme Perrier était partie depuis quelques jours pour Vannes. Elle n'avait dit adieu ni écrit à sa fille ni à moi.

A peine étais-je installé dans l'Établissement qu'elle y arriva, y passa le temps qu'elle jugea convenable, s'occupant plutôt de ce qui se faisait et se disait dans les salons que des soins dont j'avais besoin. Elle repartit à son bon plaisir, et au bout de vingt et un jours les bains m'étant de plus en plus contraires, je fis écrire à mon domestique de venir me chercher. Mme Perrier y vint elle-même.

Ainsi, dans l'espace de vingt-deux jours, elle fit deux voyages à Bagnoles, ce qui prouve que la défense supposée n'était pas sérieuse.

Quant à la lettre du 22 septembre, écrite par ma fille, je ne l'ai connue que dans le procès.

Il est à présumer que cette chère enfant, me voyant de plus en plus malade, aura craint que sa mère, selon ses habitudes, ne renouvelât une de ces scènes qui pouvaient me tuer.

Je le répète, je n'ai eu connaissance de cette lettre que dans les débats, où elle n'eût jamais dû figurer, si la mère avait eu le moindre sentiment des convenances.

« Attendu que le 5 février 1856 (par erreur l'arrêt porte 66), la dame Perrier se rendit à Paris, et que celui-ci repartit sans la voir. »

J'étais allé, à l'improviste, à Paris, pour trois jours seulement, et pour affaires urgentes.

Mme Perrier avait quitté la campagne, malgré les sages avis qui lui avaient été donnés à ce sujet. Elle laissait un nombreux personnel et une cinquantaine d'ouvriers à l'abandon, pour mieux se livrer aux plaisirs de Paris, en dépensant beaucoup d'argent.

Ce voyage n'était, de sa part, qu'un accès de jalousie. Convaincu de l'insanité d'une telle conduite, je ne pouvais l'approuver. Je préférai m'en aller.

« Attendu que depuis 1858, Perrier, abusant de son autorité sur sa fille, alors très jeune, l'a excitée contre sa mère, lui a inspiré des sentiments qui devaient cruellement blesser le cœur de la mère, lui a dicté une correspondance dans laquelle Mlle Perrier oublie tous ses devoirs. Ainsi, le 14 novembre 1863, elle écrit à sa mère : « Tu poursuis avec acharnement une personne que j'affectionne, qui n'a d'autres torts que de nous avoir prouvé, en tout temps, affection et dévouement. Si cela continue, je te préviens que je cesserai avec toi toute correspondance.

» Cesse tes dégoûtantes calomnies, ou bien mes lettres deviendront excessivement rares, ou cesseront complètement. Quand les deux lettres de MM. de Lonlay et Castinel, sont venues ici, il a été facile de constater qu'elles avaient été décachetées avec cet art que tu pratiques de longue date. » Le 18 du même mois : « Si je ne t'ai pas parlé de mon bon père, c'est que je ne pouvais supposer que quand on torture les gens au moral, que l'on ne leur laisse de repos, même dans la maladie, leur santé puisse intéresser. » Et le 25 avril 1864 : « Quand j'aurai quelques observations à faire, je m'adresserai à Rosalie, ce sera peut-être une façon de mettre fin à tes attaques excessives et à tes querelles incessantes. »

» Attendu que la preuve que Mlle Perrier était entretenue dans ces coupables sentiments résulte de la correspondance de Perrier avec sa fille, et notamment de la lettre du 19 décembre 1858, dans laquelle il lui disait :

» Quand tu devais faire une excursion avec moi, on s'exhalait en menaces, et l'on te livre à des étrangers. Singuliers enseignements, fruits d'une aveugle passion. »

» Et d'une autre lettre du 23 août 1853, dans laquelle il lui dit :

« Puisses-tu te préserver de la funeste influence que l'on cherche à exercer sur toi. Porte tes lettres toi-même à la poste, tu seras certaine qu'on ne les ouvrira pas ;

» Que cette preuve résulte encore de cette circonstance, que la plupart des lettres de la demoiselle Perrier renferment des détails d'affaires qui ne peuvent lui avoir été dictés que par son père ;

Dès 1858, j'avais eu la double et difficile mission d'inspirer à ma fille le respect dû à sa mère, et de la prévenir de ses défauts, qui ont toujours fait le malheur de sa famille.

La jeune fille n'ayant jamais quitté le toit paternel, avait été à même, quoique très jeune, d'apprécier les scènes d'empoisonnement, les querelles injustes envers tous, à son égard, un esprit de vexation. Les mêmes sentiments étaient partagés par les trois enfants, qui évitaient de se trouver avec leur mère. Une telle situation était si évidente qu'elle sautait aux yeux de tous, et qu'une vieille tante répétait à satiété à sa nièce : Que fais-tu donc à tes enfants, qu'ils ne t'aiment pas ?

Le 14 octobre 1863, l'enfant, dans une réponse à sa mère, défend chaudement une personne qu'elle affectionne, dont elle est l'obligée, et à laquelle on prodigue des injures qu'une femme de la halle n'oserait adresser à une de ses semblables. C'était précisément dans cette missive qu'elle nous accusait de vivre au milieu de filles publiques et de voleurs. Elle lui reproche encore d'avoir décacheté, selon son habitude, les lettres de Lonlay et de Castinel, avant de les avoir retournées.

Le 16 du même mois, si elle lui dit : Je ne t'ai pas donné de nouvelles de mon bon père, c'est qu'elle se rappelait les scènes de Mézangers, les portes fermées avec violence, lorsque je sommeilais, et le refus d'aliments préparés pour moi.

Le 25 avril 1864, elle s'adressera à Rosalie, pour éviter toutes les injustes récriminations de sa mère.

Ceux qui ont été témoins de la manière dont j'élevais mes enfants à l'égard de leur mère, ne pourront se défendre d'un sourire en lisant que j'entretenais ma fille dans de tels sentiments coupables, parce que je lui disais dans une lettre du 19 décembre 1858.

Ma fille devait venir avec moi à Laval, et au moment du départ, sa mère lui déclara que si elle m'accompagnait, elle ne trouverait à son retour qu'un cadavre, parce qu'elle s'empoisonnerait.

Plus tard, pour s'en aller avec un homme seul, elle exila sa fille à dix lieues de Paris, chez un tiers.

Mes plaintes, en présence de ces deux faits, n'étaient-elles pas fondées ?

Le 28 août 1853, on voulait obtenir de ma fille, comme on l'avait obtenu de mon fils, une ingérence dans les querelles entre son père et sa mère, ce à quoi elle s'était refusée en ne voulant rien insérer dans ses lettres.

Quant à la preuve résultant de ce que les lettres de Mlle Perrier renfermaient des détails d'affaires qui n'ont pu lui être dictés que par le père : Ma fille, à cette époque, avait quatorze ans, et déjà elle possédait toute ma confiance, et connaissait mes affaires ; qu'y a-t-il d'étonnant qu'elle me parlât d'intérêts ?

» Attendu que dans toute la correspondance entre les époux Perrier se montre persévéramment injurieux et blessant ;

» 1er novembre 1859. Il accuse sa femme d'avoir détruit l'autorité paternelle ;

» Le 4 novembre, même année, il lui dit, qu'élevée dans la mauvaise chicane, l'astuce et le mensonge, elle ignore ce qu'est la bonne foi ;

» Le 28 septembre 1853, il lui reproche de l'insulter de la manière la plus grave et la plus basse ;

» Attendu que la correspondance de la dame Perrier est constamment modérée et résignée ;

» Attendu que Perrier offre de prouver une réconciliation survenue entre lui et sa femme depuis 1857, et la reprise d'une vie commune entre lui et sa femme jusqu'en 1866, mais que cette allégation est déjà démentie par les documents de la cause, et notamment par sa lettre du 1er novembre 1859, dans laquelle Perrier traite sa femme en étrangère :

» Par le refus de recevoir sa femme à Bagnolles en 1863, et par son refus de se rencontrer avec elle en 1866 à Paris ;

» Sans qu'il soit donc besoin d'examiner la fin de non-recevoir opposée par la dame Perrier à cette articulation. »

(Suit le dispositif de l'arrêt qui prononce la séparation sans enquête.)

Quand on envoie un fils insulter un mari, en l'excitant contre son père, et que l'on renouvelle un pareil procédé par l'entremise d'un second fils, en lui donnant une montre et de l'argent pour une telle mission ; quand on répète à ces mêmes enfants : Votre père est un débauché ; n'est-ce pas détruire l'autorité paternelle ?

Depuis l'âge de quatorze ans, ayant servi d'intermédiaire entre son père et des créanciers exigeant leurs droits, elle s'était faite l'instrument du mensonge, et elle l'a parfaitement prouvé à l'époque de son mariage, et tant que la vie commune a eu lieu entre son père et moi.

Les insultes dont il s'agit étaient les expressions renouvelées de canaille, crapule et voleur.

Pourquoi alors avoir soustrait les lettres enfermées dans ma caisse, et ne pas les avoir reproduites lors du procès ? (Suivant sommation donnée à cet effet.)

Voir la lettre du 4 mai 1859, où Mme Perrier m'annonce qu'elle est allée chez mon notaire le prévenir que je conservais cent mille francs, pour en disposer en faveur de ceux de mes enfants qui me donneraient de la satisfaction, dans le cas où elle décéderait avant moi.

Quant au refus de la recevoir à Bagnoles, elle y est venue deux fois en quinze jours.

Second refus de me rencontrer avec elle à Paris, en 1866. (erreur, c'était en 1864) et là apparait de nouveau la malveillante intervention de M. Vilfeu. Il vint dans ma maison, comme je l'ai déjà dit.

A la fin de notre conversation, il ajouta : Mme Perrier est ici. Désirez-vous la voir ? Je répondis : Je le sais ; mais, comme elle n'est pas venue pour moi, vu, en outre, l'état de ma santé, une entrevue pourrait avoir des inconvénients. Je n'y tiens donc pas.

Sur quoi est basé le considérant ? Sur l'interprétation calculée que l'avoué a faite de mes paroles.

A partir de 1859, la vie commune n'a pas cessé, et Mme Perrier a, sans interruption, administré mes biens de Mézangers. Elle vendait les produits, en touchait le prix, dirigeait la briqueterie, faisait traite sur les débiteurs, prenait et renvoyait les employés selon son bon plaisir. A l'époque du mariage de ma fille, elle alla à Paris pour acheter les cadeaux de noce. Elle présida à toutes les cérémonies. Cette vie commune et convenable pouvait être attestée par toutes les personnes de la maison, par les étrangers qui nous fréquentaient et par tous les habitants de la commune. Ce fut seulement en avril 1866, lorsque je voulus reprendre l'administration de ma fortune, pour mettre un terme à une mauvaise direction et aux détournements, qu'elle quitta sa famille pour recommencer un procès qu'elle méditait depuis quinze ans. Il est évident, je le répète, que si une enquête eût démontré la vérité aux juges, les considérants articulés n'auraient pas de raison d'être.

Dans tout le cours du procès il est facile de reconnaître qu'on a groupé les faits, et que si l'enquête eût eu lieu, les considérants qui me relèguent parfois au troisième rang, n'eussent été les mêmes.

Au surplus, si j'ai succombé, on reconnaîtra facilement que la lutte que je soutenais n'était pas pour le charme d'une vie commune, mais bien pour transmettre à mes enfants une fortune qui se trouve engloutie.

Laissons donc tout cela ; si j'en ai parlé, ce n'est pas, encore une fois, pour tenter contre des décisions judiciaires une stérile protestation, mais pour démontrer que mon honneur est sorti sans tache de toutes ces attaques.

Je puis faire plus encore : alors que l'on songeait à une enquête, nous avons pensé, mes conseils et moi, à demander le témoignage du vénérable curé de Mézangers. Ce digne ecclésiastique fréquentait ma maison, et il savait à quoi s'en tenir ; jamais il n'avait été dupe de la fausse dévotion de Mme Perrier. L'état de sa santé ne lui eût pas permis de se déplacer pour assister à l'enquête ; il consentit à répondre à diverses questions qui lui furent posées par l'honorable Mᵉ Lamotte, avoué à Laval.

Voici la déclaration de M. le curé de Mézangers.

Mézangers, le 1er novembre 1866.

A Monsieur Lamotte, avoué à Laval.

Je vous remercie, monsieur, de vouloir bien, vu ma mauvaise santé, me dispenser d'un interrogatoire, à condition que je répondrai à vos questions. Vous pouvez être convaincu que mes réponses seront celles que je ferais devant MM. les juges.

Votre première question est celle-ci :

1° D. — Connaissez-vous depuis longtemps les époux Perrier et fréquentez-vous leur maison ? 2° Avez-vous remarqué que le mari fut brutal vis-à-vis de la femme et se livrât à de mauvais traitements envers elle ? Était-il convenable dans ses façons et ses manières de s'exprimer vis-à-vis d'elle ?

R. — J'ai toujours vu M. Perrier très convenable, très poli, jamais je n'ai entendu partir de sa bouche, contre madame, une parole impolie. Quelquefois une petite allusion spirituelle et maligne, mais jamais un mot blessant. Je me rappelle qu'un jour dans leur salon, à la suite d'une de ces allusions, Mme Perrier lança contre son mari un gros mot *(celui de crapule)*. M. Perrier ne répliqua pas ; nous changeâmes la conversation. J'ai vu de la froideur en ma présence et en celle de personnes étrangères. Tout se passait bien.

3° D. — Quant à sa fille, M. Perrier n'était-il pas toujours dans la plus grande réserve ?

R. — Oui, je me rappelle même qu'un jour j'étais présent ; quelqu'une qui, plus qu'un autre, aurait du respecter la présence d'une jeune fille et d'un prêtre, se permit un mauvais propos (c'était la mère qui disait que ce n'était pas ce que l'on mangeait le vendredi qui damnait. Sa fille se préparait à la communion). M. Perrier, comme toujours, imposa silence, et d'une manière sévère. J'ai toujours vu M. Perrier très délicat sous ce rapport.

4° D. — Mme Perrier ne vous a-t-elle pas entretenu à diverses reprises de son idée de demander une séparation de corps, et le véritable motif n'était-il pas bien plutôt le désir d'arriver à un partage de la fortune que le besoin de se soustraire à un mauvais traitement ?

R. — Mme Perrier, longtemps avant de commencer son procès, m'a parlé des projets très anciens d'intenter un procès en séparation. Elle m'a souvent manifesté le désir le plus grand de posséder ce qu'elle appelait son droit, la moitié de la fortune.

5° D. — Est-ce qu'elle ne laissait pas percer en toutes circonstances cette idée d'un partage des biens, au moyen desquels elle pourrait mener l'existence indépendante qu'elle rêvait ? Ne disait-elle pas que si son mari lui abandonnait la maison de Paris, elle ne s'occuperait plus du procès en séparation de corps ?

R. — Mme Perrier a souvent manifesté devant moi le désir de posséder la moitié de la fortune, et je lui ai entendu dire que si on lui abandonnait, soit Mésangers, soit la maison de Paris, elle ne poursuivrait pas son procès, qui ne pourrait être qu'un grand scandale.

6° D. — Mme Perrier était-elle ordinairement gaie, et dans ces derniers temps de la vie commune paraissait-elle attristée ?

N'exprimait-elle pas la pensée que si elle obtenait une séparation elle aurait sa liberté et la facilité de faire des dépenses?

R. — Je n'ai jamais vu une grande tristesse chez Mme Perrier. J'ai quelquefois été étonné, dans de semblables circonstances, de la voir gaie. Je n'ai point à juger des motifs qui l'empêchaient d'être triste.

7° D. — M. Perrier, a tort ou à raison, a cru que sa femme distrayait pour elle-même une partie des revenus communs, et qu'elle se faisait une bonne part. N'est-il pas à votre connaissance qu'elle avait un coffre-fort dont elle dissimulait l'existence à son mari ?

R. — M. Perrier était persuadé que sa femme avait un coffre-fort; il prétendait avoir trouvé par hasard une certaine clé.

Je sais que Mme Perrier apporta chez moi un jour une boîte qui me parut être un coffre de sûreté. J'étais trop malade pour en distinguer la destination. Il est certain qu'il ne contenait rien d'important, puisque Mme Perrier y avait laissé la clé, laquelle resta même au coffret, quand, après peu de temps, on le transporta ailleurs.

8° D. — Ne vous a-t-elle pas parlé de son intention de faire un procès, et n'avez-vous pas pu apprécier par ses réponses à vos observations, quel était le but réel qu'elle voulait atteindre ?

R. — Mme Perrier m'a souvent parlé du projet qu'elle avait d'intenter un procès, elle prétendait être malheureuse sous le toit conjugal, elle désirait en sortir, parce que, disait-elle, elle était délaissée par son mari, et que les autres membres de la famille ne lui donnaient aucune marque d'affection ; la dernière fois que je vis Mme Perrier, elle m'apprit qu'elle allait recommencer son procès. Je lui dis : Vous avez grand tort, quel scandale ! quel désastre ! Je lui parlai de ses enfants, je lui parlai de son petit-fils, croyant lui faire impression.

Sa réponse fut celle-ci :

Je n'ai maintenant d'égards pour personne, je veux mes droits et j'aurai la moitié de la fortune.

9° D. — Ne vous a-t-elle pas déclaré nettement que ce n'était que dans l'intérêt de son fils qu'elle voulait intenter une action, d'où il résulterait que la demande en séparation de corps n'aurait à ses yeux aucun fondement réel ?

R. — Mme Perrier me dit qu'elle voulait sauvegarder les intérêts de son fils, mais elle ne me dit pas que ce fut le seul motif.

10° D. — Et quant au fils, ne le connaissait-elle pas comme un prodigue, incapable de conserver et même d'administrer sa fortune? Avait-elle l'espoir de le voir s'établir?

R. — Mme Perrier n'avait aucune confiance dans son fils, elle le trouvait très dissipateur et incapable de conserver sa fortune, elle n'avait aucun espoir de lui voir faire un mariage honorable.

11° D. — N'avez-vous pas vu vous-même le fils et entendu des menaces contre son père, sa sœur, son beau-frère, ne laissait-il pas percer, lui aussi, l'idée que le procès amènerait une séparation, pour convoiter sa fortune, plutôt que pour mettre un terme aux chagrins de sa mère; ou même encore, pour vivre à leur gré, et dépenser sans contrôle ?

R. — J'ai vu M. Perrier fils dans le court moment qu'il passa au presbytère, il vociféra des menaces terribles contre son beau-frère surtout : c'était de le souffleter, de l'obliger à faire des provocations, à accepter un duel, si son père et sa sœur étaient présents, il les forcerait de s'éloigner.

12° D. — Dans votre opinion, croyez-vous que M. Perrier ait rendu sa femme victime de mauvais traitements, qu'il l'ait injuriée et qu'il y ait matière de séparation de corps.

R. — Je ne puis dire que ce j'ai déjà dit : je n'ai jamais vu ni entendu dire que M. Perrier fut un homme brutal. Je crois que M. Perrier, même provoqué, se rendrait maître de lui-même.
— M. Perrier me disait un jour : Madame voudrait que je lui donne un soufflet, car elle veut une séparation : mais ce soufflet, malgré ses provocations, je ne le donnerai pas.

Voici, monsieur, ce que je puis dire sur cette triste affaire que j'aurais bien voulu éviter.

Veuillez agréer, etc.

Signé : Félix Ribot.

M. Ribot connaissait bien Mme Perrier : c'est à lui qu'elle disait un jour, dans un moment d'irritation : « Mon » gendre préfère son beau-père à moi, mais il le paiera cher, » car ses parents sont faibles, je les flatterai, et j'en ferai ce » que je voudrai. » Et elle a tenu parole.

M. Gerbault, comme je l'ai dit, y avait vu clair : mais pour acheter sa tranquillité, il n'avait rien dit, et la mort est venue le surprendre.

Depuis ce moment, Mme Perrier a continué ses intrigues, et elle n'a cessé d'exercer, près de Mme veuve Gerbault, la plus fâcheuse influence.

Quoi qu'il en soit, Mme Perrier gagna son procès : la séparation fut prononcée. Immédiatement elle cria victoire, envoya de toutes parts des lettres et des dépêches pour annoncer son succès; elle fit plus : elle voulut commencer sans retard les opérations de la liquidation, et prit, à cet effet, des mesures qui paralysaient complètement mon administration ainsi que mon crédit : elle fit des oppositions à la Banque de France, au Comptoir national, chez MM. Darblay et Calmels, banquiers chez MM. Déthan frères, chez M. Cocquard, facteur, partout enfin où elle supposait que j'avais des relations. En même temps elle abandonna son fils dans l'embarras, et je dus lui faire servir une rente. La pensée évidente de Mme Perrier était d'abord de me créer des embarras et de me persécuter, puis de mettre la main sur une partie de cette fortune acquise par mon travail, et que ses perturbations n'avaient pu complétement détruire. Hélas ! s'il ne s'agissait que de moi, la résignation serait facile : je n'ai pas de besoins, et il me restera toujours de quoi vivre modestement, selon mes goûts. Mais tout ce qui tombera entre les mains de Mme Perrier passera aux étrangers et sera perdu pour ses enfants.

J'ai parlé un peu longuement, peut-être, de ce procès, mais on me le pardonnera. Dans ces luttes acharnées et injustes, mon cœur a été profondément ulcéré, et je n'ai pu contenir mes plaintes. Encore si Mme Perrier s'était contentée d'être ma seule adversaire ! Mais elle a entraîné mon fils, elle l'a poussé à se rendre le complice de ses accusations. Je ne puis oublier qu'elle a porté la guerre dans ma famille, qu'elle a excité le fils contre son père, à tel point que pendant ces débats, Hippolyte nous rencontrant, mon gendre et moi, dans le jardin de la Cour d'Angers, n'a pas craint de s'écrier : « Les voilà, les voleurs ! »

XIII

Je parlerai avec réserve encore d'un autre procès où le nom de madame Perrier s'est trouvé mêlé.

D'anciennes et bonnes relations nous unissaient à une famille des plus honorables, la famille Coiret. M. Hippolyte Coiret est un jeune ingénieur de grand mérite, qui, par son talent et son activité, est parvenu à se faire une fort belle position. M. Coiret fut amené par moi à Mézangers : au premier abord, il plut à Mme Perrier, qui lui demanda le plan d'une distribution d'eau qu'elle voulait établir dans la propriété. Sa pensée était de créer un système d'arrosage analogue à celui qu'elle avait vu fonctionner dans les rues et dans les promenades de Paris. L'on renonça au projet parce qu'il était d'une exécution trop difficile et trop coûteuse. Mme Perrier pria M. Coiret de lui adresser de Paris les ustensiles nécessaires à un établissement d'hydrothérapie. Elle les reçut, et ne les a jamais payés, ce qui ne l'empêcha pas de soutenir effrontément, en présence du juge d'instruction, qu'elle les avait soldés.

Les événements dont j'ai parlé, la mauvaise administration de Mme Perrier, avaient jeté dans mes affaires un trouble considérable. Pour faire face à divers engagements, je dus recourir à des capitaux étrangers. Je m'adressai à M. H. Coiret, qui, avec une extrême obligeance, mit à ma disposition une somme de 160,000 francs sur ma seule signature. Les fonds me furent versés en deux fois, savoir : 110,000 francs le 1er juin 1866, et 50.000 francs le 10 septembre suivant. M. Coiret, qui avait des comptes ouverts chez divers banquiers de Paris, de Meaux et de Cambrai, avait pu retirer ces sommes qui figuraient à son avoir.

M. Coiret voulant un remboursement, ou tout au moins des garanties, nous fit citer à comparaître, Mme Perrier et moi, devant le Tribunal de commerce de la Seine. Mme Perrier opposa l'incompétence du Tribunal. Ce système fut admis par un jugement du 16 novembre 1867, qui, proclamant l'incompétence du Tribunal de commerce vis-à-vis de Mme Perrier, m'a condamné à rembourser à M. Coiret les 160,000 francs qu'il m'avait prêtés, plus les intérêts, selon la loi.

M. Coiret avait donc obtenu condamnation contre moi : mais pour la sûreté de sa créance, il voulut prendre hypothèque sur les immeubles dépendant de la communauté ; à cette fin, il actionna Mme Perrier devant le Tribunal civil de Laval.

La défense de Mme Perrier fut inqualifiable : elle soutint que la créance de M. Coiret ne devait pas figurer au passif de la communauté ; qu'elle était fictive et frauduleuse ; qu'elle avait été imaginée pour grever la communauté d'une dette qui n'avait jamais existé, enfin que la créance Coiret n'était pas autre chose qu'un acte dolosif combiné de complicité entre M. Coiret et moi.

Mme Perrier savait bien la vérité : elle n'ignorait pas que les fonds m'avaient bien et dûment été versés par M. Coiret ; elle en connaissait l'origine et la destination ; elle eut néanmoins le courage de combattre la prétention d'un créancier légitime, et même de l'injurier en l'accusant de mauvaise foi. Cependant, devant le Tribunal, elle finit par confesser la vérité ; par l'organe de son avocat, elle reconnut l'existence de la dette, et admit que la créance Coiret devait frapper les immeubles communs. Le Tribunal de Laval n'avait guère qu'à lui donner acte de cette déclaration. C'est ce qu'il fit. Mme Perrier interjeta appel, et devant la Cour d'Angers elle reproduisit ses dénégations et ses injures. Son système fut accueilli par la Cour d'Angers; mais je m'arrête : il faut ici réserver l'avenir.

Ce n'est point tout : non-seulement Mme Perrier a soutenu le système que je viens de rappeler, mais elle a saisi la justice répressive, et elle a porté plainte au Parquet de la Seine, contre moi, contre sa propre fille et contre son gendre, contre M. Coiret, contre deux de mes correspondants, MM. Dethan frères et Hurard.

Mme Perrier affirmait que M. Coiret et moi nous avions simulé frauduleusement le prêt de 160,000 francs pour grever la communauté, et que les autres personnes dénommées en sa plainte étaient nos complices. Elle demandait qu'en raison de ces faits des poursuites fussent dirigées contre nous.

Tout cela était insoutenable en fait comme en droit. L'instruction de l'affaire fut confiée à M. David, juge d'instruction; mais cet honorable magistrat, auquel on n'avait présenté ni preuves, ni témoignages, estima qu'il n'y avait pas lieu à suivre, et il écrivit même en ce sens à M. le procureur général d'Angers, car en ce moment l'affaire Coiret était pendante devant la Cour.

Je devais donc croire que cette plainte demeurerait sans suite, lorsque, par des circonstances que je n'ai jamais pu m'expliquer, l'instruction recommença. Un autre juge d'instruction, M. Huet, en fut chargé. Ce n'était point en raison des vacances ou de l'absence de M. David, car M. Huet remit l'instruction au mois de novembre, et à ce moment, M. David était à Paris. M. Huet nous entendit, et j'obtins qu'il fît sortir l'avoué de Mme Perrier, qui était dans son cabinet; après les interrogatoires, il rendit une ordonnance de non-lieu le 3 décembre 1868. J'eusse préféré, je l'avoue, qu'il nous eût tous renvoyés en police correctionnelle. Là, au grand jour de la discussion, devant une audience publique, la plainte de Mme Perrier aurait eu le sort qu'elle méritait. L'on aurait pu flétrir la conduite d'une personne qui ne craignait pas d'imputer, en justice, des faits malhonnêtes à son mari, à sa fille, à son gendre, et à des personnes dignes d'estime. Mais l'ordonnance de M. le juge d'instruction, tout en refusant la poursuite, s'appuie sur des motifs que j'ai regrettés : elle insinue que des présomptions graves font penser que j'ai voulu dénaturer la fortune dépendant de la communauté : quelles présomptions ? quels faits ? quelles circonstances ? rien n'est précisé, tout demeure sans justification, à l'état du soupçon le plus vague. Et cependant j'étais sans recours, car le dispositif de l'ordonnance m'étant favorable, je n'aurais pu attaquer que les motifs, et mon appel n'eut pas été recevable.

Néanmoins, l'ordonnance de M. le juge d'instruction fut transmise à Angers sans que nous fussions avertis, et même sans que M. Coiret ait pu retirer ses pièces. C'était une manière de mettre entre les mains de Mme Perrier une arme formidable, et je sais qu'elle a la pensée d'en faire encore usage dans toutes les contestations qui pourront s'élever entre elle et moi.

Je le répète, en citant ces faits, je n'ai qu'une seule intention, celle de montrer ce dont Mme Perrier est capable pour arriver à ses fins. Je proteste de tout mon respect pour les décisions judiciaires, mais dans la situation qui m'est faite, j'ai le droit de qualifier avec une juste sévérité les mauvaises passions de mes adversaires et les manœuvres déloyales qu'ils ont employées contre moi.

XIV

Tout n'est point encore fini : Mme Perrier nous a fait, à M. Gerbault et à moi, un autre procès dont je dirai quelques mots.

Je suis propriétaire, dans la Mayenne, d'immeubles assez importants, et notamment de quatre fermes, dont une comprend une briqueterie. J'avais acheté le tout à la barre du tribunal de Laval, moyennant le prix de . . 127,500 fr.

J'avais dépensé en améliorations de toutes sortes. . . . . 60,000 fr.

Total : 187,500 fr.

Tel était le prix d'acquisition.

Du temps où Mme Perrier gérait mes biens, le revenu des
quatre fermes s'élevait à. . . . . 6.500 fr.
Celui de la briqueterie était de. . . . . 2.500 fr.

Soit pour le tout : 8.500 fr.

Je n'invente pas ces chiffres : je les trouve dans la comptabilité tenue par Mme Perrier, et en particulier dans l'inventaire 1865-1866, dressé par elle-même.

Je tiens cette pièce à la disposition de quiconque voudra en prendre connaissance.

En avril 1866, j'ai affermé à mon gendre les mêmes immeubles pour une période de 18 ans, moyennant le prix de 10.200 francs, et pour une seconde période d'égale durée pour le prix de 11.200 francs.

Le revenu est donc supérieur à ce qu'il était pendant l'administration de Mme Perrier. Ce sont des biens ruraux qui rapportent 6 p. 0/0, et c'est un bon placement. Les propriétés voisines, de même qualité, ne sont louées que 55 ou 60 francs l'hectare : les miennes atteignent 65 ou 68 francs. Il n'y a donc point à se plaindre ; quant à la durée du bail, elle s'expliquait par diverses circonstances : l'élévation du prix, la solvabilité du preneur, son intérêt d'améliorer les biens pour son propre avantage, enfin son intention d'édifier à ses frais une distillerie, s'il réussissait dans la culture de la betterave.

Mme Perrier demanda aux tribunaux de prononcer la résiliation de ce bail. Certes, j'avais en droit, le pouvoir de le consentir : il s'agissait de biens communs qui étaient en ma pleine et entière disposition. D'ailleurs, j'avais toujours agi de la sorte pour mes immeubles de Paris, qui sont loués pour 20 ans par baux authentiques. Mme Perrier n'avait jamais trouvé à y redire, et aujourd'hui la résistance ne lui est dictée que par son animosité contre sa fille et son gendre. Si le bail eût été consenti à un étranger, elle n'aurait pas protesté. Qu'elle ne mette pas en avant l'intérêt de son fils. Les immeubles loués à M. Gerbault ne sont pas la moitié de mes propriétés foncières. Je lui aurais volontiers consenti un bail analogue à celui que j'avais conclu avec mon gendre, mais, malgré tous mes conseils, il n'a jamais voulu se livrer à aucun travail utile. Il a préféré épouser les querelles de sa mère contre moi, m'injurier et me calomnier. Mon père, disait-il, fait trop d'excès, il ne vivra pas longtemps. Ces propos ont été tenus en présence d'une vingtaine de personnes, un jour que mon fils était venu à Mézangers dans l'intention arrêtée de frapper son beau-frère.

Le Tribunal de Laval, saisi de l'affaire, avait ordonné une expertise judiciaire, afin d'établir la valeur comparative des immeubles et du bail passé au profit de M. Gerbault. Il avait désigné les experts, et j'acceptai leurs estimations, comme j'eusse accepté celles de tous les propriétaires du canton.

Mme Perrier fit appel. Elle soutint que le bail était frauduleux, et que j'avais voulu la tromper : c'était, on le voit, toujours le même système. Elle fit plaider qu'elle était ruinée, que sans la bienveillance de Mme Gerbault la mère elle serait réduite à l'hôpital. C'étaient des mensonges. Mme Perrier, pendant qu'elle administrait les biens de la Mayenne, avait su faire de fort belles économies : ce qui prouvait qu'elle avait pu mettre de l'argent de côté, c'étaient ses habitudes de dépenses, son train de vie à Laval, où elle a maison montée, ses fréquents voyages, et ses séjours aux villes d'eaux, l'habitude qu'elle a gardée de faire de riches cadeaux aux gens qui l'entourent et qui la flattent, les acquisitions qu'elle ne cessait de faire, achetant, par exemple, une partie du mobilier de Mézangers, et tous les ans se faisant adjuger, par une pensée de spéculation, les foins provenant des immeubles communs. C'est cette même personne, réduite selon elle à la mendicité, qui mit des enchères sur les maisons de Paris.

Tout cela était donc insoutenable, néanmoins Mme Perrier gagna son procès.

C'était pour elle un nouveau triomphe, pour sa fille et pour son gendre une perte sensible.

Maintenant, dans la joie de son triomphe, elle oublie ce qu'elle avait déclaré : cette femme ruinée veut acquérir le domaine de Mézangers, elle demande à être judiciairement autorisée à contracter un emprunt elle veut faire modifier dans son intérêt le cahier des charges qu'elle avait accepté. Sa haine contre son gendre n'a plus de limites, elle lance des oppositions de tous côtés et au hazard pour nuire à son crédit : elle s'installe chez madame Gerbault et continue de semer la discorde dans la famille.

Peut-être, mieux conseillée, Mme Perrier eût-elle, malgré son apreté, renoncé à ces procès, qui ne lui rapportaient que peu de bénéfice, causaient à ses enfants un dommage considérable. Mais près d'elle se trouvaient des personnes qui, en cachant leur nom, ou en recevant des deux mains, avaient intérêt à la désunion. Néanmoins, sur une nature quelque peu droite, de pareilles insinuations seraient demeurées sans résultat.

XV

J'ai fini. Que ceux qui ont bien voulu lire cet exposé me jugent maintenant! Je le déclare hautement, j'ai toujours agi en honnête homme, et ma conscience ne me reproche rien. Au milieu d'une existence sans cesse tourmentée, j'ai accompli mes devoirs. C'est avec un regret profond que je suis entré dans de tels détails; mais, injustement accusé, je devais me défendre. Pour moi-même, pour mes parents et mes amis, je devais arrêter des calomnies trop longtemps répandues.

Dans ce que je viens de dire il n'y a, je l'affirme, que la vérité. L'on ne m'accusera point d'avoir apporté la passion dans ce récit : tout ce que j'ai souffert n'a jamais amené aucune irritation dans mon esprit; mais il fallait bien, un jour, faire connaître cette personne qui n'a jamais su remplir aucun de ses devoirs, et qui, par sa fourberie, pourrait encore parvenir à s'attirer quelque sympathie.

Pendant longtemps je me suis résigné; mais si la résignation dépasse certaines limites, elle peut devenir lâcheté.

Signé : Perrier-Desloges.

Paris, le 15 juillet 1869.

Paris. — Imprimerie Kugelmann, 13, rue du Helder.

www.ingramcontent.com/pod-product-compliance
Lightning Source LLC
Chambersburg PA
CBHW060516050426
42451CB00009B/1021